MUH!

Rätsel, Spiel & Spaß
auf dem Bauernhof

PaRragon

Bath · New York · Cologne · Melbourne · Delhi
Hong Kong · Shenzhen · Singapore · Amsterdam

AUFWACHEN!

Auf dem Bauernhof ist ein neuer Tag angebrochen – und der Bauer braucht Deine Hilfe!

Kikeriki!

WISSEN

Ein Hahn ist ein männliches Huhn. Sein Krähen ist auf dem ganzen Hof zu hören.

Wie viele schlafende Tiere siehst du?
Male die Zahl aus. 2 3 4

Male das Bild fertig aus.

ARBEIT!

Auf dem Bauernhof gibt es viel zu tun!

Male das Bild fertig aus.

Wem gehört der Napf? Zeichne die gestrichelten Linien nach!

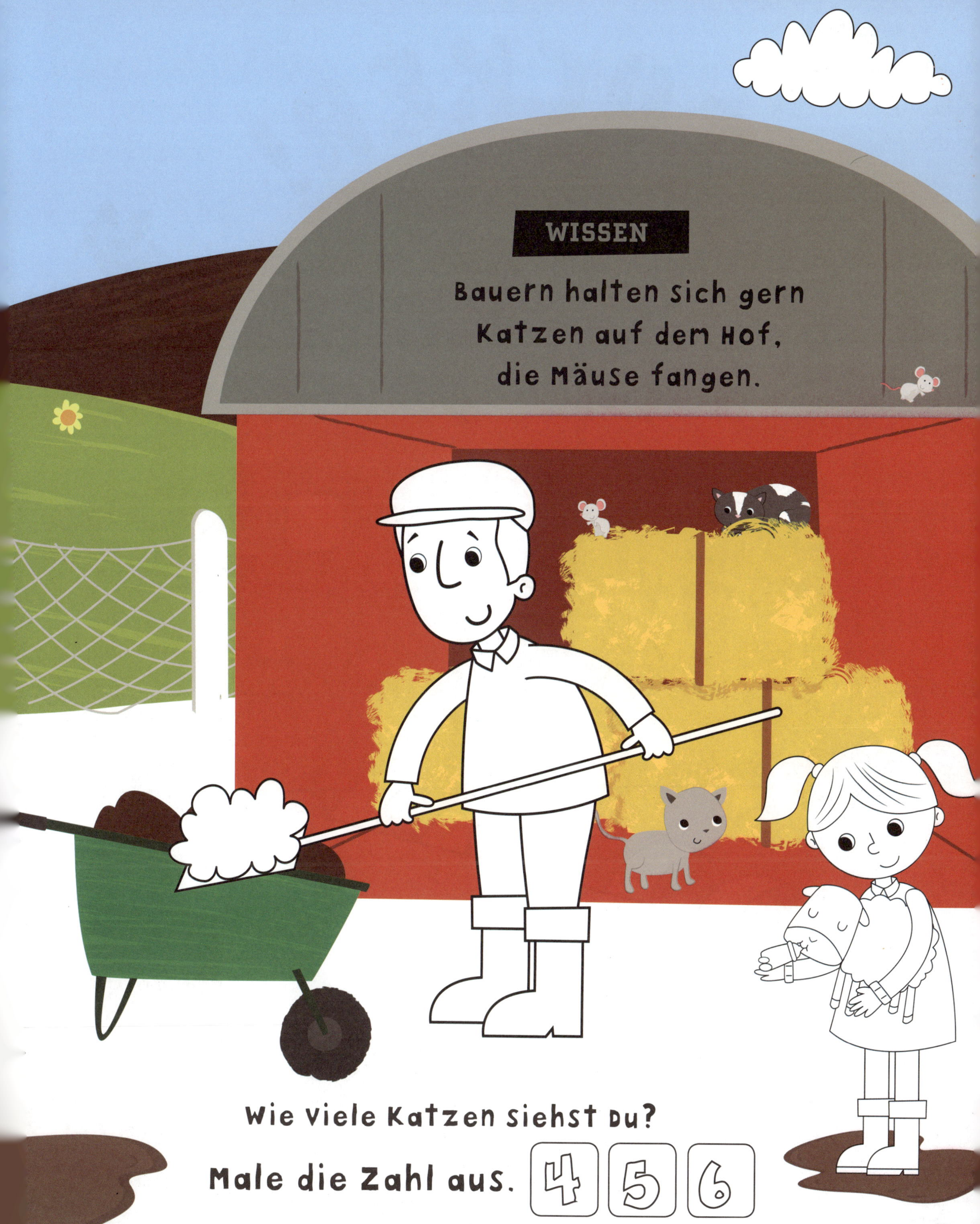

WISSEN

Bauern halten sich gern Katzen auf dem Hof, die Mäuse fangen.

Wie viele Katzen siehst du?

Male die Zahl aus. 4 5 6

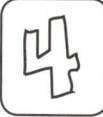

WISSEN

Die scharfen Klingen eines Pflugs funktionieren wie ein riesiger Spaten. Sie graben den Boden um und bereiten ihn fürs Säen vor.

Male Dich selbst am Steuer des Traktors.

Male den Traktor grün aus.
Male die großen Räder schwarz aus.

MAMA!

Diese Tiere haben ihre Kinder verloren.
Verbinde jede Tiermama mit ihrem Kind.

Wie viele Tiermamas haben Hörner?

WISSEN
Entenküken können schon nach einem Tag schwimmen.

Wie viele Tierkinder haben Federn?

PLATSCH!

Du brauchst Gummistiefel, um durch den Matsch im Schweinestall zu stapfen!

Male das große Schwein in Rosa und Braun aus. Vergiss nicht die Schlammspritzer!

Jetzt male jede Menge Schlamm an die Gummistiefel!

WISSEN
Schweine wälzen sich im Schlamm, um sich abzukühlen.

Folge den Linien und verbinde jeden Abdruck mit dem Tier, das ihn hinterlassen hat.

Zeichne ein Schaf nach der Anleitung.

1. Zeichne eine Wolke.

2. Zeichne einen rechteckigen Kopf und Wolle dazu.

3. Zeichne Ohren, Beine und Gesicht dazu.

SCHEUCH!

Zeichne die gestrichelten Linien nach, damit die Vogelscheuche die hungrigen Vögel vertreiben kann.

BUH!

Male die Vogelscheuche aus und zeichne ihr ein lustiges Gesicht.

WISSEN

Manche Bauern hängen ihrer Vogelscheuche Glocken um, weil der Lärm die Vögel vertreibt.

Was hat jeder Vogel auf dem Feld gefunden? Folge den Linien!

Wie viele Möhren siehst du auf dem Feld?

SCHAFE!

Oh nein! Ein paar Schafe sind ausgerissen. Hilf dem Schäferhund Flecki, sie ins Gehege zu treiben.

Puh! Flecki hat die Schafe zusammengetrieben.

Wie viele Schafe siehst du in Gehege A? ☐

WISSEN
Bauern bringen ihren Schäferhunden bei, auf Rufe und Pfiffe zu hören.

Wie viele Schafe siehst du in Gehege B? ☐

Zeichne drei Schafe in dieses Gehege.

BRRRUMM!

Ziehen und pflügen, tuckern und schleppen.

WISSEN
Traktoren haben große Hinterräder, um nicht stecken zu bleiben.

Male den Traktor mit Anhänger rot aus.

Male den Traktor mit Pflug grün aus.

Male die anderen Traktoren in Deinen Lieblingsfarben aus.

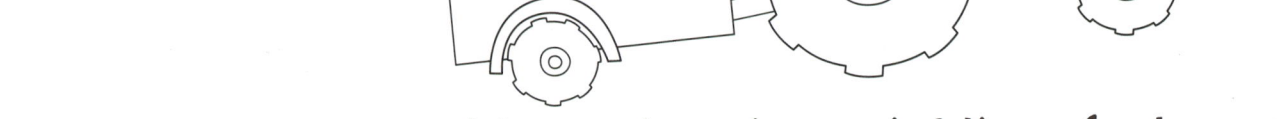

Welcher der Traktoren unten sieht genauso aus wie dieser?

A

B

C

D

Die Bäuerin hat den Traktorschlüssel verloren! Findest Du ihn im Gras?

LECKER!

So viel knackiges, buntes Gemüse!

Verbinde jede Gemüsesorte mit ihrem Schatten.

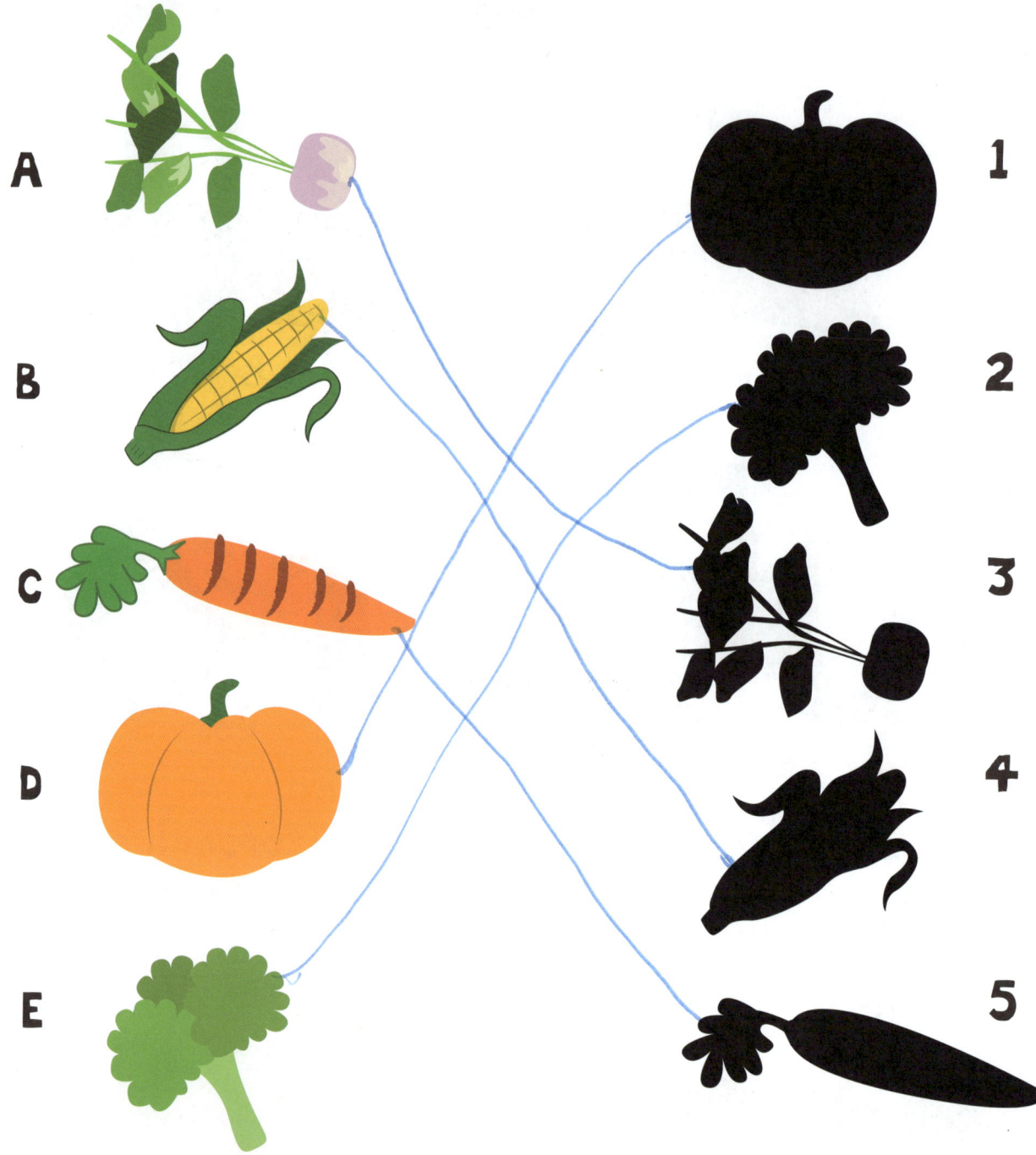

28

WISSEN
Manche Möhren sind rot oder lila statt orange!

Zeichne Dein Lieblingsobst und Dein Lieblingsgemüse in die Schubkarre.

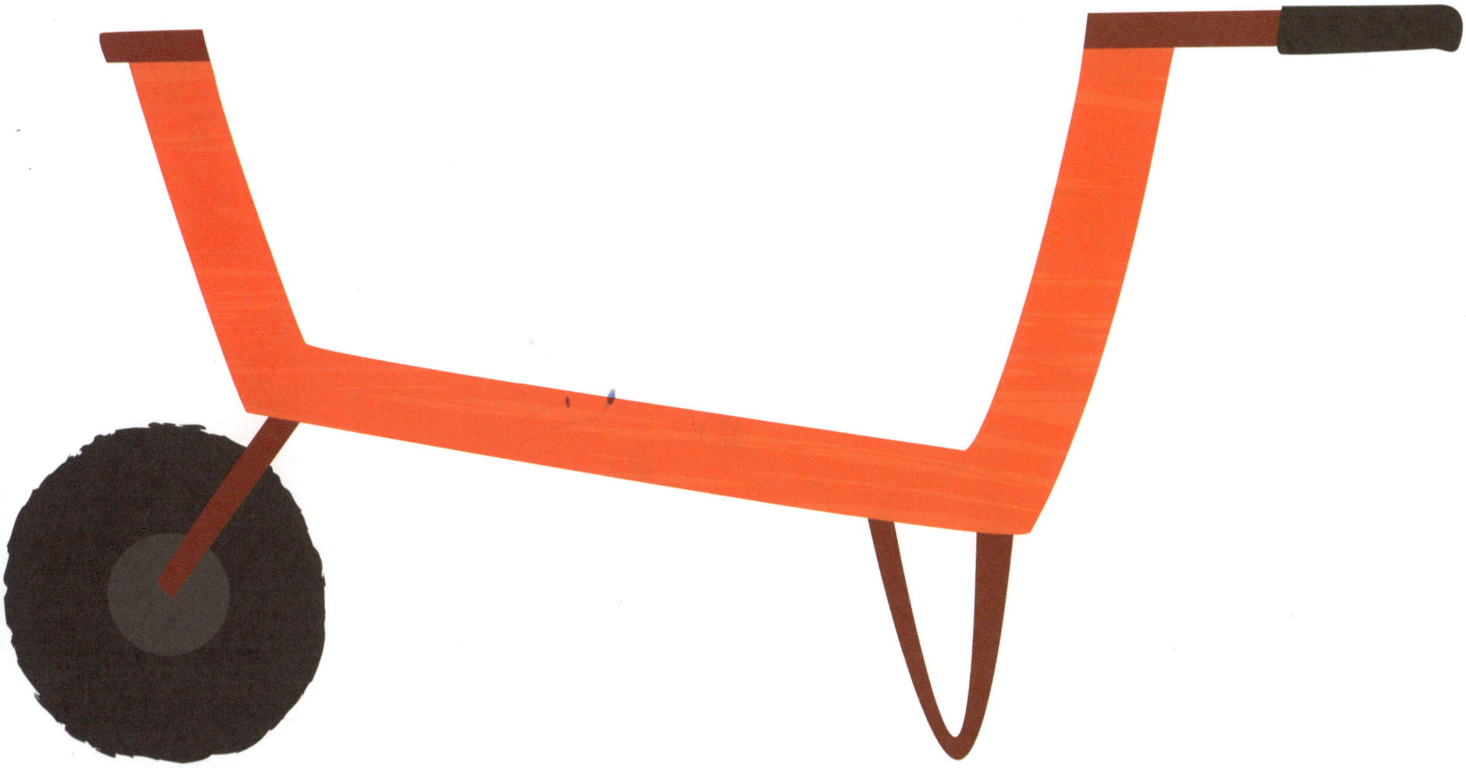

MAMPF!

Drei zerzauste Ziegen zerkauen zarte Zweige!

Male die kleinste Ziege braun aus.

Male die größte Ziege schwarz aus.

Zeichne die Hörner dieser Ziege fertig und male die Ziege dann aus.

Was gehört nicht in den Trog?

WISSEN
Die Schweinenase heißt Rüssel. Damit findet das Schwein Futter.

Was fressen diese hungrigen Schweinchen heute?

Kreuz an, was du im Trog entdeckst.

KLICK-KLACK!
Finde fünf Unterschiede zwischen diesen Bildern.

Male für jeden gefundenen Unterschied ein Hufeisen aus.

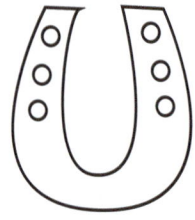 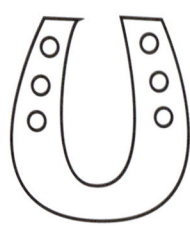 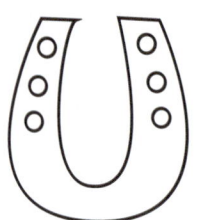 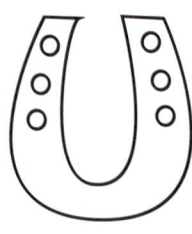 

Zeichne den fehlenden Gegenstand in jeder Reihe.

Kannst du mit der Zunge „klick-klack" schnalzen?

WISSEN
Pferde tragen Hufeisen aus Metall, um ihre Hufe vor dem harten Boden zu schützen.

KNABBER!

Jemand frisst die Felder leer!

 Hilf dem Bauern, indem Du mehr von jeder Gemüsesorte auf die Felder malst.

Blumenkohl

Lauch

Möhren

Wer knabbert am Blumenkohl?
Wer mampft die Möhren?

WISSEN

Blumenkohl ist nicht immer weiß, sondern kann auch grün, orange oder lila sein!

Wer frisst Löcher in die Kürbisse?

Salatköpfe

Kürbisse

Kartoffeln

Wie viele Schmetterlinge siehst du? Male die Zahl aus. 3 4 5

ERNTE!

Jetzt werden die Felder abgeerntet.

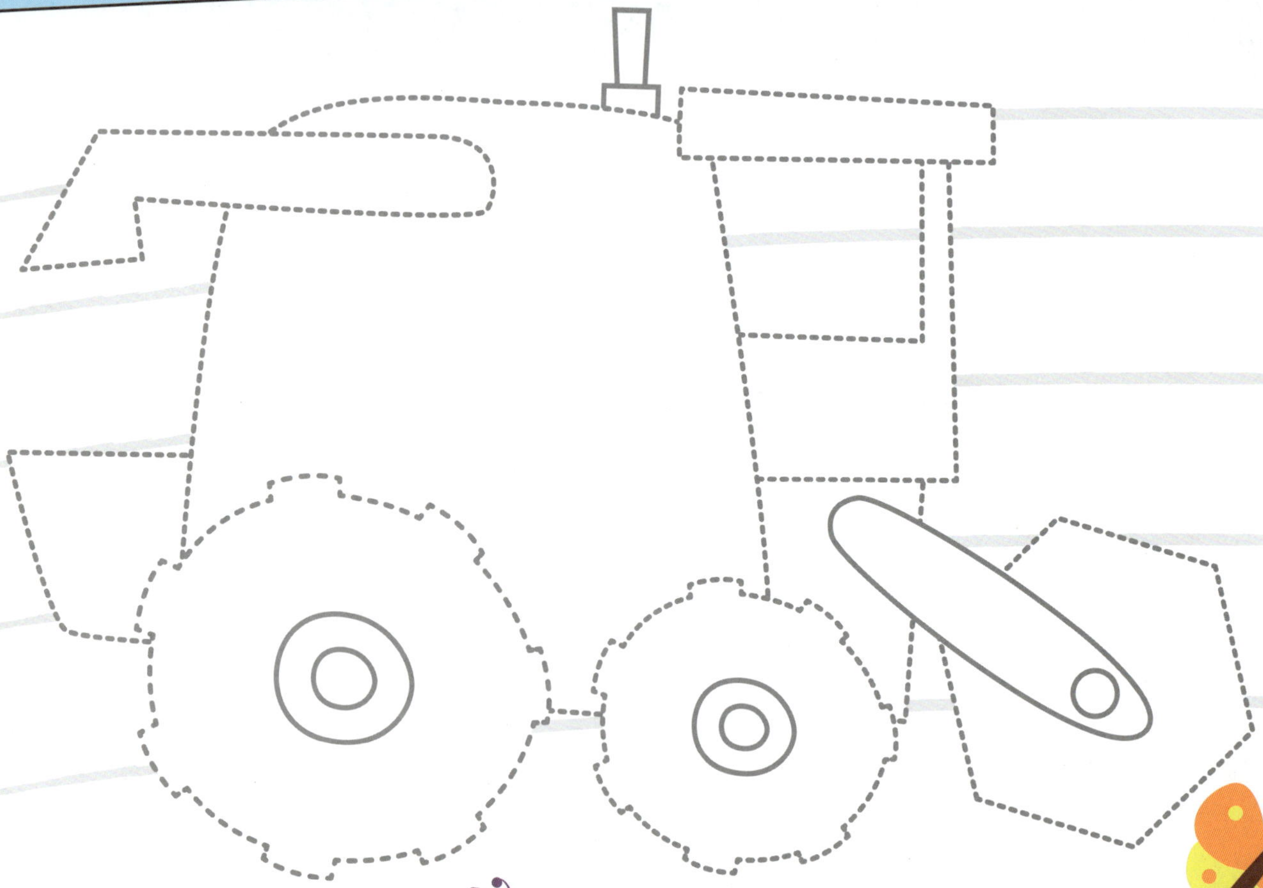

Zieh die gestrichelten Linien nach und male den Mähdrescher dann aus.

Wie viele Heuballen siehst du?
Male die Zahl aus.

5 6 7

WISSEN

Aus Gras macht man Heu, das Schafe und Kühe im Winter fressen.

Findest du sechs Vögel?

37

WOLLIG!

Bauern scheren Schafe, damit man aus ihrer Wolle Kleidung herstellen kann.

Finde fünf Unterschiede in diesen Bildern.

Male für jeden gefundenen Unterschied ein Wollknäuel aus.

Dieses geschorene Schaf hat keine Wolle mehr! Zeichne ihm ein flauschiges Fell, damit ihm nicht kalt wird.

Jetzt male das Fell in Deiner Lieblingsfarbe aus.

WISSEN
Schafwolle hat eine Wachsschicht, die das Schaf bei Regen trocken hält.

ÄPFEL!

Die Äpfel sind reif und müssen gepflückt werden. Trag die schweren Körbe schnell durch das Labyrinth zum Traktor. Hau ruck!

START

Wie viele Äpfel sammelst du unterwegs ein?

WISSEN
Apfelbäume werden etwa 80 Jahre alt, einige werden sogar älter als 100 Jahre!

ZIEL

GUTE NACHT

Die Bauernhoftiere gehen jetzt schlafen.
Verbinde jedes Tier mit seinem Schlafplatz.

A   1

B   2

C   3

D   4

WISSEN

Pferde können im Stehen schlafen!

42

Schäferhund Flecki hatte heute viel zu tun!
Zeichne ihn schlafend in seiner Hütte.

Zeichne die gestrichelten Linien
nach. Was war sein Abendessen?

SCHUHU!

Auf dem Bauernhof suchen nachts viele Tiere Schutz in der Scheune.

Wie viele Mäuse siehst du?

WISSEN

Schleiereulen machen nicht „Schuhu", sondern kreischen!

Wieher!

Male die Tiere aus.

FRAGEN!

1. Wie heißt ein männliches Huhn?
   - ◯ Henne
   - ◯ Hühnchen
   - ◯ Hahn

2. Eine Kuh trinkt eine Wanne Wasser pro ...
   - ◯ Tag
   - ◯ Monat
   - ◯ Jahr

3. Was machen Hennen, um Eier auszubrüten?
   - ◯ ihnen vorsingen
   - ◯ auf ihnen sitzen
   - ◯ sie schütteln

4. Wie heißt die Schweinenase?

○ Riecher

○ Schnauze

○ Rüssel

5. Wie nennt man eine Gruppe Gänse?

○ Schwarm

○ Schar

○ Herde

6. Warum haben Traktoren große Hinterräder?

○ Damit sie nicht im Schlamm einsinken.

○ Weil es besser aussieht.

○ Damit sie schneller fahren.

LÖSUNGEN

Seite 2-3 AUFWACHEN!
2 Tiere schlafen: eine Katze und ein Hund.

Seite 4-5 GACK!
Es sind 5 Hühner.

Seite 6-7 ARBEIT!
Der Napf gehört dem Hund.
Es sind 4 Katzen.

Seite 8-9 TUCKER!
Es sind 6 Vögel.
Der Pflug hat 1 Stiefel, 1 Teddy und 1 Becher ausgegraben.

Seite 10-11 SUCHEN!

Seite 12-13 MAMA!
A-5, B-3, C-2, D-4, E-6, F-1
1 Tiermama hat Hörner.
2 Tierbabys haben Federn.

Seite 14-15 PLATSCH!
A-1, B-3, C-2

Seite 18-19 MUH!
Die Kuh, die Gras frisst, steht unter dem Wort „MUH!".
Die Kuh, die sich nicht rührt, wird vom Bauern geschoben.

Seite 20-21 SCHEUCH!
C-1
Möhren.

Seite 22-23 SCHAFE! 
In Gehege A sind 5 Schafe.
In Gehege B sind 4 Schafe.

Seite 24-25 QUAK!

Seite 26-27 BRRRUMM!
Traktor A sieht genauso aus wie der Traktor oben.

Seite 28-29 LECKER!
A-3, B-4, C-5, D-1, E-2

Seite 30-31 MAMPF!
Der Hut gehört nicht in den Trog.

Seite 32-33 KLICK-KLACK!

Reihe 1 = Eimer
Reihe 2 = Apfel
Reihe 3 = Heuballen
Reihe 4 = Möhre

Seite 34-35 KNABBER!
Eine Raupe knabbert am Blumenkohl. Ein Kaninchen mampft die Möhren. Eine Maus frisst Löcher in die Kürbisse.
Es sind 4 Schmetterlinge.

Seite 36-37 ERNTE!

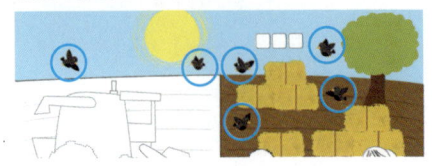

Es sind 7 Heuballen.

Seite 38-39 WOLLIG!

Seite 40-41 ÄPFEL!

Du sammelst 4 Äpfel ein.

Seite 42-43 GUTE NACHT!
A-3, B-4, C-1, D-2
Fleckis Abendessen war ein Knochen.

Seite 44-45 SCHUHU!
Es sind 4 Mäuse.

Seite 46-47 FRAGEN!
1. Hahn
2. Tag
3. auf ihnen sitzen
4. Rüssel
5. Schar
6. Damit sie nicht in Schlamm einsinken.